D0118606

BOOK WORMS

¡Cuenta con ello!

Dos

Dana Meachen Rau

Marshall Cavendish
Benchmark
Nueva York

Dos niños.

Dos piernas.

Dos ojos.

Dos huevos.

Dos zapatos.

Dos trineos.

Dos ruedas.

Dos camas.

¡Dos!

Palabras conocidas

camas

huevos

niños

ojos

piernas

ruedas

trineos

zapatos

21

Índice

Las páginas indicadas con números en **negrita** tienen ilustraciones.

Datos biográficos de la autora

Dana Meachen Rau es la autora de muchos libros de la serie Bookworms y de otros libros de no ficción y de lectura inicial. Vive en Burlington, Connecticut, con su esposo y dos hijos.

Agradecemos a las asesoras de lectura:

Nanci Vargus, Dra. en Ed. y profesora auxiliar de Educación Primaria en la Universidad de Indianápolis.

Beth Walker Gambro, profesora adjunta en la Universidad de St. Francis en Joliet, Illinois.

Marshall Cavendish Benchmark
99 White Plains Road
Tarrytown, New York 10591
www.marshallcavendish.us

Library of Congress Cataloging-in-Publication Data

Rau, Dana Meachen, 1971–
[Two. Spanish]
Dos / Dana Meachen Rau.
p. cm. – (Bookworms. ¡Cuenta con ello!)
Includes index.
ISBN 978-0-7614-3445-0 (Spanish edition) – ISBN 978-0-7614-3474-0 (bilingual edition)
ISBN 978-0-7614-2967-8 (English edition)
1. Two (The number)–Juvenile literature. 2. Number concept–Juvenile literature. I. Title.
QA141.3.R2818 2009b
513–dc22
2008018205

Editor: Christina Gardeski
Publisher: Michelle Bisson
Designer: Virginia Pope
Art Director: Anahid Hamparian

Traducción y composición gráfica en español de Victory Productions, Inc.
www.victoryprd.com

Photo Research by Anne Burns Images

The photographs in this book are used with permission and through the courtesy of:
SuperStock: pp. 1, 11, 21TR BananaStock; pp. 7, 15, 19, 20BR, 21BR age fotostock; pp. 13, 21BL SuperStock.
Jupiter Images: pp. 3, 20TR Noble Stock; pp. 5, 21TL Marcie Jan Bronstein; pp. 9, 20BL Push.
Jay Mallin Photos: pp. 17, 20TL.

Impreso en Malasia
1 3 5 6 4 2